AF210862

Käte Micka ◆ Erlebte Gefühle

Käte Micka

Erlebte Gefühle

Gedichte

Alle Rechte vorbehalten
Herstellung: Libri Books on Demand
ISBN 3-8311-0307-0

LEBENSFREUDE

Von der Sonne
Hole ich mir
Goldene Strahlen
Von den Wolken
Bunte Regentropfen
Habe kleine Sterne
In den Augen
Trage
Meine silbernen Schuhe
Und tanze und tanze
Bis meine Schuhe zertanzt

NUR ZU

Erwachen
Denken an den Tag
Die Arme ausbreiten
Den Morgen umarmen
Lachen und singen
Dankbar für das Erwachen
Freudig
Mit der Arbeit beginnen

GUTE GEDANKEN

Schöne Gedanken
Schaffen Frieden in mir
Meine Augen schauen
Die schaukelnden Bäume
Vor meiner Tür
Gern säße ich
Träumend da oben
Möchte sehen
Daß alle Menschen
Seite an Seite geh'n
Kindlich möcht' ich lauschen
Wenn zart die Blätter rauschen
Und erzählen
Von einer heilen Welt
Oh ja
Gute Gedanken
Von allen Menschen
Das wäre mein Wunsch
Und eine Welt
Die fest zusammen hält

TRÄUMEREIEN

Auf dem Rücken
Des Windes
Fliegen
In den Himmel hinein
Auf weißen Wolken gebettet
Sorgenfrei
Mit gütigen Augen blickend
Auf das blühende grüne Land
Auf tiefblaue Meere
Jauchzen vor Glück
Fähig alle Tränen zu trocknen
Wunschtraum
Eines erwachsenen Kindes

EIN HERZENSWUNSCH

Ich möchte
So gerne ertragen
Ertragen
Aller Menschen Leid
Ich möchte
So gerne ein Herz haben
So gut
So friedlich
Und ganz ganz weit

DIE HEILSAME STILLE

Die Stille
Umarmt mich
Auch ich
Werde leise
Ich spüre mich
Meine Gedanken
Führen mich
In die Tiefe
Meiner Seele
Dankend
Nehme ich
Das Hier und Jetzt wahr
Bilder
Voller Schönheit
Werden hell und klar
Danke
Für dieses Gefühl des Glück's
Ich umarme den Himmel
Bin der Erde entrückt

EINE BESINNLICHE STUNDE

Ich sitze hier
Und höre Musik
Du bist nicht bei mir
Wann kommst Du zurück
Stille
Die Musik ist verklungen
Ich spüre Glück
Hab' ganz leise mitgesungen
Es ist mein Lieblingsstück
Für feine Ohren
Für's zarte Gemüt
Eine wahrlich zärtliche Weise
Es klingt noch in mir
Ich bleibe für heute
Ganz leise

HARMONIE

Ganz allein
Mit mir
Mit all' meinen Gedanken
Welch ein Luxus
Nur die Uhr tickt
Im Rhythmus
Mit meinem Herzen
Ich schaue
Auf ein Blumenbild
Zarte weiche Farben
Versinke
Keiner stört meine Harmonie
O herrliches Alleinsein
Ich schaue
Auf meine Hände
Wohlig warm
Ruhen sie ineinander

Komm
Wir fliegen
Zu den Sternen
In die Schwerelosigkeit
Komm
Wir fliegen

Zu den Sternen
Wo der Himmel nicht mehr weit
Komm
Wir fliegen
Zu der Insel
Mit dem Namen Menschlichkeit
Komm
Wir fliegen
Zu den Sternen
Wo der Himmel nicht mehr weit

Ich tauche ein
In meine Träume
Sehe eine Blume
Zart wie Seide
Ihr Duft
Berauscht meine Sinne
Meine Gedanken halten inne
Sie atmen zaghaft
Den lieblichen Duft
Lassen meine Seele gesunden

TRAURIGKEIT

Der Mund
Mag nicht sprechen
Die Ohren
Mögen nicht hören
Die Augen
Haben keinen Glanz
Um die Seele
Liegt ein Dornenkranz

FREUDE

Geheimnisvolle Klänge
Erreichen meine Seele
Ruhe durchströmt mich
Mein Geist
Sieht ein warmes Licht
Meine Augen
Sehen die milden Sonnenstrahlen
Zwischen den stummen Bäumen

GEDANKEN AM MONTAG

Fröhlich
Beginne ich den Tag
Ich sehe Dich
Du schaust
Mich zärtlich an
Heute tue ich
Nur das
Was ich mag
Ob ich
Mich wohl morgen
Auch so freuen kann

Himmel
Laß die Sterne funkeln
Mond und Sonne scheinen
Säßen wir
Doch sonst im Dunkeln
Herrlich
Dieses Licht
Gebe Gott
Daß es nie verlischt

ICH BIN STILL

Die Stille
weckt den Geist
Meine Augen
Sind geschlossen
Meine Ohren
Lauschen
Ein zartes Knistern
Der dunklen Bäume
Läßt mich
Neugierig werden
Zwischen
Den dichten Zweigen
Eilen Wolken
Sie gehorchen
Dem Wind
Er ordnet an
Sie müssen nach Westen

KINDHEITSERINNERUNGEN

Ein großer Fluß
Bewegt sich zum Meer
Der Wind
Bewegt die Blätter
Ich bin bewegt
Wenn Kinder
Sich fürchten
Fürchten
Vor den Erwachsenen

SEI ZUFRIEDEN

Schaue nicht
Auf den Besitz des anderen
Erfreue dich
An deinen Habseligkeiten
Gib dem Neid keinen Platz
Laß Zufriedenheit
Dich begleiten
Schaue auf das Leid des anderen

Tränen befreien

Ausgeweint
Lehnst Du dich
Auf deine weichen Daunen
Du lächelst leise
Du hörst
Des Windes zartes Raunen
Die Erfahrung
Macht dich klug
Fast weise

Die Augen
Sind leer
Tränen fließen
Zu einem großen Meer
Sie lindern
Den Schmerz
Die Augen
Werden klar
Zum Scherz

Ich schließe
Die Augen
Meine Seele weint

Tränen
Überfluten mein Herz
Ich öffne die Augen
Und lache

EIN WUNDERBARES GEFÜHL

Am Horizont
Ein kleines Licht
Erstaunt bemerkt
Bang' daß es lischt
Niemand erkennt
Wie lange dieses Licht wohl brennt
Das Auge erfaßt es
Das Herz sieht's nicht
Das Blut erwärmt sich an der
Flamme
Erst zaghaft
Später siedend heiß
Verlockend nah
Doch nie erreichbar
Verzweifelt merkt man
Daß es ein Irrlicht war

DIE LIEBE

Erquickend schmerzend
Ist die Liebe
Wer sie kennt
Möcht' sie im Herzen
Immer wieder säen
Daß es brennt
Ein kleiner Keim
Kann sie entfachen
Zur heißen Leidenschaft
Dann machen
Man muß sie nähren
Mit dem Blute
Daß in den Adern
Heiß und siedend sprüht
Sie muß ersticken dann
Im Glute
Bis sie nur
Wonne und Erfüllung fühlt

ICH LIEBE DICH

Ich sehe dich
Und freue mich
Ich höre deine Stimme
Sie weckt all' meine Sinne
Ich spüre Deine Hände
Und empfinde
Liebe ohne Ende
Ich fühle deinen Mund
Bin glücklich
Zu jeder Stund'
Ich liebe dich

NUR GETRÄUMT

Ich tauche ein
In meine Träume
Sehe
Eine Blume
Zart wie Seide
Ihr Duft
Berauscht meine Sinne
Meine Gedanken
Halten inne
Sie atmen
Zaghaft
Den lieblichen Duft
Lassen
Meine Seele gesunden

GEDANKENBLITZE

Stolz
Auf viele viele Jahre
Blick ich zurück
Meistens
Waren diese Tage
Stunden voller Glück

Warum
Hab' ich so viel Gefühl
Gedanken
Mich bedrücken
Ach
Könnt es doch so sein
Gedanken
Dürften nur beglücken

Ich schaue
Ganz einfach ins Blaue
Ich sehe
Einen Baum
In der Farbe lind
Alle Farben da draußen
Heut blasser sind

Ich sehe
Mich in meinem Zimmer um
Heut
Fehlt mir
Der lebendige Glanz
Heut
bin ich fast stumm
Heut
Ist Wehmut mein Tanz

Gedanken

Wer hat
Die schöne Welt gemacht
Wer hat
Sie bloß bestellt
Wer hat
Sie sich so ausgedacht
Am großen Himmelszelt
Sie hält uns sorgsam fest
Wir danken ihr
Daß sie uns
Niemals fallen läßt

Hör zu
Wie zart
Die Seele atmet
Wie die Saiten
Einer Geige
Schluchzt sie
Vor Sehnsucht

Es atmen die Blätter
Den Odem der Welt
Verwelkt liegen sie später

Einsam und leblos
Auf der Erde

Ganz friedlich
Ruhen die Felder
Stumm
Bleibt alle Kreatur
Stille
In den Wäldern
Es tickt die Winteruhr

VERSTEHST DU MEINE SPRACHE

Magst Du auch
Wie ich das Licht
Möchtest du auch
Alle Uhren anhalten
Augenblicke
Stumm genießen

Aus der Ferne
Die Masse Mensch wahrnehmen
Hast du dir selbst
Auch viel zu sagen
All' die Anderen
Sein lassen

Dann könnten wir gemeinsam
Ein Stück des Weges gehen

Verstehst Du
Die Sprache der Seele
Kannst du deuten
Jeden Blick
Kannst du schweigen
wenn ich nicht reden mag

Fühlst du
Wenn meine Augen weinen
Siehst du die Blumen
Die gar nicht blühen
Kannst du
Meinen Durst und Hunger ahnen
Mich freudig
Über steinige Wege tragen

Dann ja
Ja dann können wir
Gemeinsam
Ein Stück des Weges gehen

Liebst du wie ich
Das Licht
Leben
Bedeutet dir Glück
Lächelt dein Gesicht

Dann geh' mit mir
Ein kleines Stück

Es hängt dein Bild
An meiner Wand
Du hast eine Rose

In deiner Hand
Sie duftet süß
Neigt sich zum Licht

Komm' geh' mit mir
Ein kleines Stück

ICH HABE SEHNSUCHT
NACH DIR

Du bist fort
Meine Gedanken
Sind bei dir
Du bist weit weg
Wie geht's Dir dort
Es ist so stille
Hier bei mir
In Gedanken
Höre ich Deine Stimme
Mich
Auf schöne Stunden besinne
Ich spüre deine Nähe
Auch
Wenn ich dich
Nicht sehe
Nacht's
Suche ich deine Hand
Doch dein Bett
steht weit
In einem fremden Land
Doch bald
Bist Du wieder
Hier bei mir

Ich freue mich schon
Dann bin ich
Auch ganz lieb zu dir

ICH FREUE MICH

Die Vögel
Heute jubilieren
Jeder pfeift
Sein eigenes Lied
Ich habe Lust
Zum Musizieren
Der Nachbar lächelnd
Aus dem Fenster sieht
Die Sonne
Schenkt uns warme Strahlen
Die Natur
Heut schön
Wie ein Gemälde ist
Man müßt es
Nur noch malen
Von Ferne
Kinder
Fröhlich lachen
Sie sind so unbeschwert
Sie haben's gut
Sie brauchen sich
Noch keine Sorgen machen

GEZÄHLTES GLÜCK

Du
Zählst dein Geld
Es wird
Immer mehr
Zähle
Deine Jahre
Es werden
Immer weniger
Zähle
Die Minuten
Der Freude
Und des Glücks
Die Andere
Durch dich
Erleben durften
Sie zählen später
Zu den schönsten
Gelebten Stunden

LIEBE DICH AM ALLERMEISTEN

Erwarte nichts
Von den anderen
Erwarte alles
Von dir
Sei gut
Zu dir
Liebe deinen Nächsten
Wie dich selbst

DANK AN MEINE KINDER

Meine Kinder
Beschenkten mich stets
Sie gaben mir Wärme
Klugheit und Nachsicht
Geborgenheit und Liebe
Mit ihnen
Konnte ich Kind sein
Von Vater und Mutter
Ich mußte sie gehen lassen
In die verlogene Welt
Der Erwachsenen
Sie schulden mir nichts
Ich verdanke ihnen alles

LIEBE IN DER KINDHEIT

Liebe
Kann man nicht erzwingen
Sie muß tief
Im Herzen klingen
Wo nie ein Körnlein
Liebe wurd' gesät
Nie
Eine große Pflanze je entsteht
Als Kind schon
Muß man die Liebe
Spüren und erkennen
Sonst kann man sie
Im Alter
Nie fühlen und benennen

EIN KLEINES LÄCHELN GENÜGT

Ich
Gehe durch die Straßen
Ich treffe viele Leute
Mit strengem Blick
Bin erschrocken
Über alle Maßen
Schaue zuhause
In den Spiegel
Ist so streng auch mein Blick

DIE HYMNE UNSERER WELT

Singe
Die Hymne
Unserer Welt
Vom großen Reichtum
Und tiefer Armut
Umgeben
Vom gerechten Himmelszelt

DER MENSCH IM ALL

Andächtig
Schau' ich
In den Himmel hinein
Ich der Mensch
Hier unten
Winzig klein
Und doch
Ich gehöre
Mit dazu
Zu dieser Einheit
Dieses Weltenalls
Erschaffen
Von Gottes gewolltem Urknall

EIN KIND IM KRIEG

Schmächtig
Die dünnen Ärmchen
Schauen aus einem
Grauen Kittel hervor
Verängstigt
Die traurigen Augen
Blicken bittend
Zum Himmel empor
Hunger
Die Kanonen schießen
Durst
Die Tränen fließen
Ein Kind
Es möchte leben
Ein Krieg
Läßt die Erde beben

DANKE

Oh wie wohl
Ist mir am Abend
Der Tag war heute
Eine Pracht
Alle
Wieder
Ihr Bestes gaben
Der Tag
War arbeitsam
Doch
Man hat
Auch viel gelacht
Ich traf
Viele nette Leute
Wir plauderten
Und freuten uns
Es ging
Uns allen gut
Auch
Satt geworden
Sind wir heute
Ich
Freue mich
Schon auf morgen

Doch schade
Schlafen
Muß ich noch
Ich sage
Danke
Ich habe großes Glück
Ich habe
Keine Sorgen

IM SCHUTZE DER NACHT

Die Nacht
Mit ihrer Dunkelheit
Läßt meinen Geist gesunden
Sie macht
Mir meine Lippen stumm
Hab' wieder
Meine innere Ruh gefunden

Gesang
Klang durch das Haus
Musik erfreute mich
Den langen Tag
Ich gleite heiter
In die Nacht
Hab' sogar
Im Traum gesungen und gelacht

DIE ERDE AN DEN MENSCHEN

Oh Mensch
Ich liebe Dich
Warum liebst du mich nicht
Oh Mensch
Der Schöpfer schuf dich
Als Krönung seiner Taten
Du bist einzigartig ihm geraten

Kannst denken
Die Gedankenkraft die Freude
bringen kann
Doch schmerzlich viele Qualen
schafft
Du hättest alles in der Hand
Freundschaft und Frieden
In jedem Land

Hast Augen
Um zu schauen
Die Wälder die Pflanzen die Tiere
Den Himmel den blauen
Siehst Kinder die niemals lachen
Weil manche Menschen sie mundtot
machen

Alles möchte ich dir anvertrauen
Faß dir ein Herz
Du kannst lindern den Schmerz

Hast Ohren
Um zu hören
Die Freude die Klagen
Und alles
Was Menschen sagen
Die Gesunden
Könnten die Leidenden tragen
Die Reichen
Die Armen mit Nahrung laben

Deine Nase
Kann riechen
Die süßesten Düfte
Laß mir auch etwas Luft zum Leben
Leuchtende Farben will ich dir dafür
geben
Berausche dich an meinem Atem
Stehe fest auf meinem Leib
Du hast so wenig Zeit

Kannst schmecken
Mit deinem Mund
Alle Früchte in meinem Garten
Laß alle etwas haben
Kannst fühlen die Erde
Die gerne dich trägt und wiegt
Die mit all' ihrer Pracht
Dir zu Füßen liegt

Beschütze und behüte diese
wunderbare Welt
Sie gehört allen
Nicht nur Menschen mit Geld
Ob arm oder reich
Am Ende seid ihr alle gleich
Oh Mensch ich sorge mich um dich
Und um mich

GLAUBST DU MIR

Deine Hände
Sind so warm
Deine Arme
Sind so stark
Du hörst mir zu
Wenn ich etwas sag'
Ja es tut mir wohl
Ja ich hab' dich gern
Ich sage immer wieder
Daß ich dich mag
Jetzt warte ich
Ganz fürchterlich
Auf dich

MEIN LETZTER GEDANKE

Worte
Sind wie Impulse
Sie bringen
Gedanken zum Schwingen
Bringen
Leise Lieder
Zum Klingen
Schlafe nie ein
Ohne den Tag
Zu loben
Lösche
Erst das Licht
Mit einem dankbaren Blick
Und einem leisen Gebet
Nach Oben

EINE SCHLAFLOSE NACHT

Ich lieg' schon lange wach
Und lausche in die Nacht
Die Uhr tickt ohne Unterlaß
Mir ist als sage sie mir was
Du Liebster
Liegst im tiefen Schlaf
Dein Atem
Der klingt fest und stark
Ich stehe leise auf
Schaue in die Dunkelheit
Mein Blick geht zum Himmel hinauf
Ich sehe die weite Unendlichkeit
Mein Schauen wir reich belohnt
Die Sterne funkeln
Und es scheint auch noch der
Mond
Um meinen Schlaf
Mach' ich mir keine Sorgen
Den verlege ich auf Morgen

FRÜHLINGSVERLANGEN

Der Winter
Verläßt das Land
Ich höre
Schon Vogelgesang
Die Natur erwacht
Fast über Nacht
Lauer Wind
Streift mein Gesicht
Draußen
Ist schon viel mehr Licht
Freundliche Menschen
Lächeln sich zu
Komm oh Frühling du

FRÜHLING

Ach wie freu' ich mich
Tausend rote Apfelblüten
Leuchten mir
In's Angesicht

Lauer Wind
Streicht zärtlich
Durch die Blüten
Er läßt alle
Von dem Frühling grüßen

Tautropfen
An den Gräsern glitzern
Vögel lustvoll
In den Bäumen zwitschern

Juchhei juchhei
Ich stimm mit ein
Blüten
Von dem Wind getragen
Fallen lautlos
Mir auf's Haar

Lachen Singen
Über Gräben springen
Frühling Frühling
Du bist da

IN MEINEM GARTEN

Blühende Bäume
In meinem Garten
Rot rose und auch ganz blass
Duften so lieblich
So süß und auch ganz zart
Locken
Und geben Signale
Für alle Vögel
Und fleißige Bienen
Für alle
Liegt der süße Nektar parat
Der Wind schaukelt
Die Blüten
Wie in einer Wiege
Ich schau verträumt
Finde ein Kleeblatt
Auf meiner Wiese

EIN SPÄTER
FRÜHLINGSNACHMITTAG

Blassblauer Himmel
Dazwischen
Schmale goldene Wolkenbänder
Sie seh'n so friedlich aus
Sanft ziehen sie
In ferne Länder

Alles grünt und blüht
In meinem Garten
Freude Glück
Ich konnt'
Es kaum erwarten

Eine große stolze Birke
Fächelt verträumt ihre Zweige
Man spürt's
Der Tag
Geht bald zur Neige

Auf den Blüten
Des Apfelbaumes
Vögel ihre Schnäbel
Mit Nektar benetzen

Die Vögel
Noch leise singen

Ich bleibe steh'n
Lausche
Auf meine Bank werd' ich mich
setzen
In mir ist ein seliges Klingen
Der Frühling ist da
Noch nie
Ich so leuchtende
Grüne Farben sah

BUNTE BLUMEN

Am Wegesrand
So manche
Schöne Blume stand
Ich blieb stehen
Um sie mir
Näher anzusehen
Ach
Ich pflückte sie
Band
Mir den schönsten Strauß
Nun
Duftet es bei mir
Im ganzen Haus

SPÄTSOMMER

Vom Sommer
Im Garten
Letzte blasse Blumen steh'n
Meine Gedanken
Nochmals
Grüne Wege geh'n
Meine Augen
Werden sehr lange
Keine Schmetterlinge seh'n

DER SOMMER GEHT DAHIN

Sommer
Sonne
Bunte Blumen
Alles ist dahin
Alle Vögel
Die schön sangen
Flogen nach dem Süden hin
Eines ist ja klar
Es wird wieder Sommer
Auch im nächsten Jahr

Der Wind
Weht stürmisch
Alles
Zwingt er in die Knie
Bäume neigen ihre Kronen
Schütteln Blätter
Taumelnd auf die Erde
Keine Chance haben sie
Kahle Bäume
Fort sind
Alle Sommerträume

Der Herbstwind
Weht die letzten
Warmen Sonnenstrahlen fort
Zögernd
Lassen sie es zu
Ich suche
Einen warmen Ort
In meinem Zimmer
Weht kein Wind
Da bist ja du

HERBSTLICH

Schöne bunte Farben
Lassen Blumen
Neu erstrahlen
Herbsteszeit
Zeit um alles zu bemalen
Die Natur bekommt
Ein neues Kleid
Sonne funkelt zaghaft
Durch die Bäume
Kastanien
Eicheln
Liegen weit und breit
Rotes Laub
Beschmückt die Zäune
Silbrig
Glänzt ein Spinnennetz
Morgentau hat es benetzt

Die letzten reifen Früchte
Fallen von den Bäumen
Auch bunte Blätter
Tanzen überall

Bald dunkelt's früh
In allen Räumen
Und dichter Nebel
Liegt in jedem Tal

ICH GENIESSE EINEN REGENTAG

Feucht schimmern die Bäume
Der Regen zaubert
Ihnen ein sattes Grün
Kleine Tropfen
Hängen an den Zäunen
Der Wind bewegt die Bäume
Im Takt zum Reigen
Er zerrt behutsam
An ihren Zweigen
Die Vögel flattern
Zu ihren Nestern hin
Es ist vielleicht
Schon Nachwuchs drin

Der Himmel ist grau
Die Straßen sind leer
Doch
Dort geht eine alte Frau
Traurig schaut sie aus
Sie hebt den Blick
Trocknet ihre Stirn

Auch aus ihrem Auge
Wischt sie
Etwas Nasses heraus
Ob es Tränen sind ?

Hoffentlich nur Regentropfen
Die wehte der Wind
In meinem Zimmer
Ist es leise
Wie heilsam
Diese Ruhe ist
Meine Gedanken
Gehen auf die Reise
Sie sind bei dir
Wo du wohl bist?

DER REGEN HÖRT NICHT AUF

Der Sommer
Wartet auf die Sonne
Regenwolken
Ziehen
Mächtig und dunkel
Über das satte Grün
Der Bäume
Blumen lassen
Ihre Köpfe hängen
Die schweren Regentropfen
Durchweichen
Ihre zarten Blüten
Vögel
Lassen ihre Sommermelodien
Verstummen
Keine Käfer und keine Bienen
summen
Der Wind müßte kräftig
Die Wolken bewegen
Es ist doch Sommer
Sonne ach Sonne
Vertreibe den Regen

DER FELDWEG

Ich gehe den Weg
Ich ging
Schon oft hier lang
Dort
Am Ackerrain
Sich ein graues
Gefieder regt

Der Weizen ist reif
Die Halme
Goldgelb sind
Die Ähren
Hängen voll und schwer
Wie immer
Eine Lerche singt
Es singen immer mehr

Dort
Kommt der Bauer
Er lächelt und winkt
Stolz ist er
Auch er singt

Er ist zufrieden
Ihm ist nicht bang
Ihm wird
Eine gute Ernte beschieden

DAS ALTE GEMÄUER

Rosa Rosen
Ranken
Am alten Gemäuer
Sie duften lieblich
Verleihen dem Zerfallenen
Einen geheimnisvollen Glanz
Ein Blick ein scheuer
Schmetterlinge
Vereinen sich im Tanz

ABENDDÄMMERUNG

Im Zwielicht
Sitze ich
Und träume
Sanft
Streichelt mich
Ein Luftzug
Durch das off'ne Fenster
Kalt wird mir
Gedanken
Hüllen sich
In weiße Tücher
Sie huschen leise
Mir durch den Sinn
Verschwimmen
Wie Gespenster

Kein Blatt
Rührt sich am Baum
Kein Geräusch
Erfüllt den Raum
Der Geist
Wird stille
Man wartet
Auf die Dunkelheit

Man macht sich
Für den Schlaf bereit
Der Tag
War gut
Mir
Geht es gut
Mein Kopf
Auf einem weichen Kissen ruht

DIE NACHT WILL KOMMEN

Abendstille
Leise Lieder
Tönen aus der Ferne
Vom hastigen Tag
Liegt nur die Hülle
Die Nacht
Läßt leuchten alle Sterne
Der Mensch
Schöpft Kraft
Für den morgigen Tag

EIN SCHÖNER TAG

Wenn ich morgens früh erwache
Schau' ich aus dem Fenster raus
Seh' ich dich du liebe Sonne
Guten Morgen altes Haus

Ach wie freue ich mich
Daß ich sehe Dein Gesicht
Keine Wolke ist am Himmel
Oder sehe ich sie nicht

Und es geht mir durch den Sinn
Daß ich heut sehr glücklich bin
Und nun fang' ich an zu singen
Alles geht mir von der Hand
Meinen Besen lass' ich schwingen
Bin ganz außer Rand und Band

Meine Arbeit ist getan
Schaue mir den Himmel an
Sonne scheinst Du noch
Oh ja
Du bist ja wirklich noch immer da

Will dann auch nicht länger warten
Nehme die Gitarre in die Hand
Gehe ganz schnell in den Garten
Setze mich auf meine Bank
Und nun fang' ich an zu spielen
Singe noch ein Lied dazu
Ach du liebe liebe Sonne du

Nun erblicke ich die Blumen
Ihre Kelche weit geöffnet sind
Sie genießen still die Sonnenstrahlen
Wiegen leise sich im Wind

Auf der Birke sitzt ein Vogel
Zwitschert fröhlich vor sich hin
Hebt den Kopf putzt sein Gefieder
Und fliegt mutig zu mir hin
Schaut mich an
Mit seinen kleinen Augen
Spürt daß ich zufrieden bin

Schnell geht dieser Tag zu Ende
Sonne du glühst rot am
Himmelsrand
Dankend falte ich meine Hände
Sonne du scheinst gleich
In einem anderen Land

DIE KIRSCHEN
IN NACHBARS GARTEN

Ja
Die Kirschen reifen
Sie leuchten rot
In Nachbars Garten
Horch
Die Stare pfeifen
Sie sind ganz schwarz
Und auf die Kirschen warten
Ob sie wohl alle
Gleich vernaschen
Ich habe Hoffnung
Sie werden mir
Wohl auch noch
Ein paar lassen

DAS ROTKEHLCHEN

Ein Vogel
Baut sein Nest
Geschäftig
Eilt er
Hin und Her
Fleißig
Trägt er Gras
Und trockene Stecken
Er hält's
In seinem Schnabel
Krampfhaft fest
Er suchte sich
Ein stilles Plätzchen aus
Er nahm
Die dichte Tanne
Direkt vor unserem Haus
Ein kleiner zarter Vogel
Mit einer roten Brust
Er hat
Ja wohl gewußt
Daß er
Von uns geliebt
Und er ganz friedlich
Hier seine Brut aufzieht

APFELGELÜSTE

In Nachbars Garten
Am grossen Apfelbaum
Süß und saftig
Rotgelb
Die Früchte reifen
Sie hängen
Schwer und tief
Man möchte
Freudig
Danach greifen
Als wüßte es der Baum
Daß man's nicht darf
Und freundlich
Er mir
Einen reifen Apfel
Fast
In meine Tasche warf
Danke
Sagte ich
Und glücklich
Bückt ich mich

HEUT RUH' ICH MICH AUS

Sonntagsruhe
Müde Augen
In der Ecke stehen
Meine Arbeitsschuhe
Auf dem Dach
Da gurren Tauben
Sonne
Die lugt golden
Durch die Scheiben
Auf dem Tisch
Da liegt ein dickes Buch
Heut werd ich
Im Bett bleiben
Arbeit
Ist auch morgen noch genug

Eigene Erfahrungen

Manche Menschen
Wollen immer
Den Ton angeben
Dabei
Haben sie aber
Gar keine Stimme
Und singen
Ohne Melodie
Sie können
Nicht einmal
Den Ton halten
Sie möchten aber
Man solle
Nach Ihrer Pfeife tanzen
Das genügt noch nicht
Sie wollen
Einem auch noch
Den Marsch blasen
Dafür
Soll man sie
Aber auch noch
In den höchsten Tönen loben
Ich kann
Ein Lied davon singen

SINGEN MACHT FREUDE

Ich singe
Ich singe den ganzen Tag
Weil Singen
Mir so viel Freude macht

Wenn ich traurig bin
So fang' ich leise an zu summen
Dann sing' ich lauter
Und fort ist mein Kummer

Ich singe
Sogar im Sommer
Ein Weihnachtslied
Für mich zählt
Nur die Freude
Die mir das Singen gibt

Just auf dem Fahrrad
Singe ich einen Choral
Auch Kinderlieder
Stimme ich an

Würde gerne
Eine Hymne komponieren
Und ich ließe sie
Von großen Meistern musizieren

Manchmal
Singe ich ganz stumm
Weil ich nachdenklich werde
Meine Augen erblicken
Traurige Menschen um mich herum

Doch mein Herz
Ist voller Freude
Ich lebe so gern'
Singen
Sollten viele Leute

Unsere Erde wäre
Ein glücklicher Stern

SINGE SINGE SINGE

Beginn den Tag
Mit einem Lied
Mach' alle Türen auf
Erfreue fröhlich dein Gemüt
Stimm an
Und höre niemals auf

Singe singe singe
Laß deine Stimme jubilieren
Singe singe singe
Um deine Seele zu berühren
Singe singe singe

EIN SPAZIERGANG
DURCH DEN WALD

Ich gehe durch den Wald
Auf einem schmalen Wege
Ich sehe wunderschöne Bäume
Und mache halt
Um eine starke Eiche
Ich meine Arme lege
Ein Glücksgefühl
Hier
Möcht' ich nie mehr weichen

Dort
Eine junge Fichte
Wie gerade
Sie gewachsen ist
Weit hoch
Will sie zum Lichte
Ein großer Vogel
In ihrer Krone
Nach Beute
Auf der Lauer sitzt

Oh diese Kühle
Diese Stille

Nur ein zartes Knistern
Und ein leises Rauschen
All' meine Sinne
Sind hellwach
Nur schauen
Fühlen
Lauschen

Alle Vögel jubilieren
Würzig ist die Luft
Hier ist der Ort
Zum Musizieren
Aus der Ferne
Ein Kuckuck ruft
Dort sitzt ein Hase
Ganz ohne Furcht
Ich gehe
Unter Buchen durch

Ein Reh
Es schaut so friedlich aus
Es hebt den Kopf
Ganz stolz
Verschwindet rasch im Unterholz
Plötzlich
Singe ich ganz laut

Wer hat dich
Du schöner Wald aufgebaut
Hier ist der Ort
Hier bin ich der Natur ganz nah
Hier möchte ich
Nie wieder fort
Gern bliebe ich
Für immer da

WOLKEN
IM GLANZE DER SONNE

Immer und immer wieder
Schau' ich mir den Himmel an
Wolken
In gemalter Schönheit
Regen mich
Zum Träumen an

Demut
Empfinde ich
Wenn ich den Himmel sehe

Ein Kunstwerk
In schönster Vollendung
Mächtig
Malerisch
Wie verzaubert
Himmlische Wolkenbildung

Sehnsucht in meinem Herzen
Trauer
Daß dieses Bild vergeht
Hoffnung
Daß in meiner Erinnerung
Dieses Bildnis
Ewig besteht

MEIN FREUND DER WIND

Du Wind
Ich liebe Dich
Wie mein eigenes Kind
Du bist so vertraut
Spür' ich dich
Auf meiner Haut
Schon immer warst du
Ein guter Freund von mir
Bist du nicht da
Sehn' ich mich sehr nach dir
Wenn du die Wolken sanft
Vor die heisse Sonne schiebst
Ist's mir als tätest's
Du für mich
Ich glaube dann
Daß du mich liebst
Und weißt
Ich mag die heisse Sonne nicht
Ich hab' es gern
Wenn du mal stürmisch bist
Und kräftig
Mir entgegen bläst
Und ruhig mal etwas hitzig wirst

Und mir beim Laufen
Kaum 'ne Chance läßt
Dann ist es mir
Als könnt' ich fliegen
Ich würd' so gern
In deinen starken Armen liegen
Und wenn du nachts
Da draußen heulst
Ganz laut
Ich bleib' ganz leis'
Was macht's
Ich halte meinen Atem an
Damit ich dich
Auch hören kann
Peitscht du den Regen
Dann noch an die Scheiben
Bin ich sehr dankbar
Daß ich hab' ein Bett
Ich kann
In meiner kleinen Kammer bleiben
Was tät' ich nur
Wenn ich
Mein Bett nicht hätt'
Du Wind
Ich liebe dich
Wie mein eigenes Kind

EIN GEMISCHTER CHOR

Drei Raben
Sitzen still
In einem Baum
So
Verharren sie
Schon eine lange Zeit
Bewegen
Tun sie sich kaum
Der Wind
Bläst ihnen ins Gefieder
Sie lassen es
Mit sich geschehen

Nanu
Eine weiße Taube
Setzt sich
Zu ihnen nieder
Sie äugelt
Läßt ihren Kopf
Nach allen Seiten dreh'n
Sie staunt
Doch
Auch sie bleibt ruhig sitzen

So schwarze Vögel
Hat sie
Noch nie gesehen
Plötzlich
Ist es aus
Mit dieser Ruh'
Die Raben
Krächzen laut
Die Taube
Stimmt mit ein
Mit ihrem sanften Ruckedeguh

VIELLEICHT DER LETZTE MUTTERTAG IM KRIEG

Tränen
Der Hoffnung
Fließen
Aus Mütteraugen
Über Soldaten
Fliegen
Die Friedenstauben

ABSCHIED VOM LEBEN

Du mußt nun geh'n
Den letzten Weg
Zu fremden Sternen
Deine Seele
Breitet ihre Flügel aus
Sie fliegt
In unbekannte Fernen
Sie fliegt und fliegt und fliegt
Als flöge sie nach Haus
Der Himmel nimmt dich auf
Mit off'nen Armen
Leb' wohl
Adieu
Auf Wiederseh'n
Wir werden alle Trauer tragen
Du hast
Geliebt gelitten und geschafft
Manchmal
Bis an die Grenzen deiner Kraft
Hab' keine Angst
Laß deine Seele schweben
Ins Licht
Ins Himmelreich

Tiefer Frieden
Wird dich umgeben
Bis in alle Ewigkeit
Als heller Stern
Wirst du ins Universum sinken
Ich werde
In den Himmel schau'n
Mich an dich erinnern
Ich werde
Dir dann winken
Das Leben
Ist ein kurzer Traum

AUF DEM FRIEDHOF

Grabesstille
An der letzten Ruhestätte
Blumenfülle
Welke Blätter
An der langen Gräberkette
Grüne Bäume
Dort
Ein gelber Strauch
Bienen summen
Aus der Ferne
Vögel singen
Vom nahen Turm
Die Glocken klingen
Frieden –
Warte nur
Bald
Ruhest auch du

ALLES IST VERGÄNGLICH

Am blauen Himmel
Zieht ein Flugzeug
Einsam einen dünnen Silberstreifen
Er macht sich breit
Nach allen Seiten
Bald
Wird er ganz verblassen
Alles
Ist vergänglich
Nichts
Kann man
Für immer lassen

BLEIBE NOCH

Hörst du
Wie der Tauber ruft
Sein Turteltäubchen
Siehst Du
Im Moose
Das blaue Veilchen
Spürst du
Daß ich möchte
Du bleibst
Noch ein Weilchen

EIN FRAGWÜRDIGES GEBET

Lieber Gott
Schon lange überlege ich
Kennst du
Ausgerechnet mich
Wie rede ich mit dir
Bist du jetzt hier bei mir
Kannst Du mich wirklich hören
Darf ich dich
Jetzt gerade stören
Wo bist du
Und wie siehst du aus
Bist du gerade außer Haus
Vielleicht im Vatikan
Oder bei meiner Nachbarin
nebenan
Bist du vielleicht
Bei den Kroaten im Krieg
Oder in einem Land
Das feiert den Sieg
Vielleicht im Tempel bei den
Buddhisten
Oder auf Kuba bei den
Kommunisten

Bist du vielleicht bei den armen
Indern
Oder bei den gepeinigten Kindern
Oh mein Gott
Wann kannst du denn einmal ruh'n
Hast ja alle Hände voll zu tun
Machst du die Arbeit ganz allein
Oder läßt du
Auch noch andere Götter sein
Oh Gott
Erleuchte den Menschenverstand
Und nimm uns bei der Hand
Laß alle Völker
Sich gut verstehen
Auf dieser Erde
Mach, daß in jedem Land
Frieden werde
Begleite uns auf allen Wegen
Und gib uns allen
Deinen Segen
Hallelujah

GIB NICHT AUF

Warum
Willst du sterben
Du hast doch
Noch gar nicht gelebt
Ein Garten
Voller Scherben
Ist doch schnell
Zusammengefegt
Gib deinem
Verwundeten Leib
Und deiner
Verletzten Seele
Eine Chance
Löse dich
Von allem Gewesenen
Nimm Hilfe an
Und lebe

BALD WIRD ER WIEDER GRÜNEN

Ein Baum
Steht einsam
An der Straße
Um ihn herum
Nur Autos und Asphalt
Er träumt
Von einem schönen
Platz am Wasser
Er stünde gern
Im grünen kühlen Wald

Ich lege sanft
Den Arm
Um seinen Stamm
Mein Ohr
Hört in den Zweigen
Leises Ächzen
Ich hab'
Dem Baum geschwor'n
Ich werde jeden Tag
Ihn streicheln
Und sein Wurzelbett benetzen

Und eines Tages
Hoffe ich
Werden seine Zweige grünen
Und vielleicht auch blühen
Vielleicht
Auch Vögel
In seinem Wipfel
Frohe Lieder jubilieren

DER ABSCHIED

Ich gehe
Und du
Bleibst allein zurück
Tränen
Verschleiern meinen Blick
Noch einmal
Streiche ich dir übers Haar
Und sage dir
Oh du bist wunderbar
Noch einmal
Schaue ich auf deine Hände
Und spüre noch deine Zärtlichkeit
Noch einmal
Sehe ich
In deine Augen
Sie sind so voller Traurigkeit
Noch einmal
Drehe ich mich um
Dann gehe ich
Und bleibe stumm

HOFFNUNGSLOSIGKEIT

Am Baum
Grünt nur
Ein einziger Zweig
Doch dieser Zweig
Hält
Den ganzen Baum
Am Leben
Ich fühle
Eine Traurigkeit
Und trotzdem
Will ich
Nur Freude geben
Hoffnung
Will ich verschenken
Verzweiflung
In hoffnungsvolle
Bahnen lenken

Sonnenfinsternis

Sonne
Du Stern des Lichts
Heut' verdeckt
Der Schatten des Mondes
Dein schönes Gesicht

In Demut verneige ich mich

Mir wird bewußt
Ohne dein Licht
Wäre die Erde
Ein Nichts

Zieh' rasch vorbei
Du lieber Mond

Sonne oh Sonne
Strahle wie gewohnt
Hab' tausend Dank
Du Stern des Licht's

Du meine Sonne

Ohne dich
Wäre die Erde
Ein Nichts

EIN VORZÜGLICHES REZEPT

Ein warmer Blick
Und du wirst Freunde finden
Ein warmes Herz
Und eine große Liebe kann
beginnen
Ein warmer Händedruck
Man wird dich mögen
Wird dir Vertrauen zu Füßen legen
Ein warmes Bett zur späten Stund'
Du kannst gut schlafen
Und bleibst gesund

Ein kühler Kopf
Und dir wird
Nichts mißlingen
Ein kühler Trunk
Wird dir Erfrischung bringen
Ein kühler Windzug
Bringt schöne Düfte dir ins Haus
Ein kühles Plätzchen
An heissen Tagen
Es geht dir gut
Du ruhst dich wohlig aus

Inhaltsübersicht